中野昌子
NAKANO MASAKO

元気が出る!
昌子のビタミンことば

はじめに

　私は、来年還暦を迎える散髪屋さんです。
　父母が、二人で理容室を経営していたので、子供のころからいつもたくさんの人に会って育ちました。
　当たり前ですが、全く同じ人は居ません。人の数だけ個性があるのだと、だんだんと人の魅力に目覚めていったような気がします。人は面白い。自分が真剣に向き合うと、人も真剣に向き合ってくれます。雑に扱うと雑に扱われます。自分がしたことは良くも悪くも必ず返ってきます。
　高校在学中、父に通信教育の理容学校（2年間）に、ほぼ強制的に入れられました。まぁいっか、ぐらいで入った理容学校にはあまり興味もなく、夏休みと春休みに通っていました。
　高校を卒業して、だらだらと自宅で研修まがいの見習いをしていました。その年の夏休みに、大学に行った同級生の寮に数人で遊びに行きました。
　そこに居た同級生たちは、それぞれの勉強、アルバイト、プライベートと、みんないきいきと生活をし、私だけ腐った魚のようなだらけた生活をしていて、置いてけぼり感を半端じゃなく感じました。帰宅後、居てもたっ

てもおられず、仕事終わりと休日に実家の店を手伝うという条件で4か月の臨時パートの面接を受けることにしました。

　無事、9月から採用になり、8時出勤17時退社、時々残業2時間の生活に入りました。

　2か月くらいで、ほぼその部署の仕事を覚え10人ぐらい居た部署の人とも仲良く楽しくしていました。4か月経過しそろそろパートも終わりのころ、部長に呼ばれ、もう少し来てほしいと言われました。3月の理容学校が始まるまでならと、延ばしました。

　3月にまた言われ、8月の理容学校が始まる前まで延びました。その後またと言われましたが、8月で理容学校を卒業して、9月からはインターンに入るため、私のパートタイマーは、約11か月で終了しました。

　その時、会社も楽しいけれど、理容師なら毎日違う人が訪れます。人間好きの私の性格なら、理容師のほうがもっと楽しそうだと思い理容業に真剣に向き合うきっかけになりました。とても良いきっかけだったと思います。

　その後1年間のインターンの後、理容師国家試験に合格し理容師となりました。

　免許はとったものの自宅ではけじめをつけるのが難しいと思い、修業に出ることにしました。そして、県内のカット講習会に行った時気になった先生がいらして

いたので、講習会の翌日にその先生のサロンに電話しました。そして勉強させてほしいと面接に行きました。
　その後採用となり、そこで4年間働き、やはり自分の店が持ちたいと思い今に至ります。昔から、思い立ったら即実行、結果は後からついてくる。立つ鳥跡を濁さず。選択する時は、それを楽しめるかどうか！が、私のモットーだった気がします。
　本を書こうと思ったのは、去年10月ごろに、中学校の恩師がカットに来られた時、「あなたの言葉には、いつも感心して、元気をもらうのよ。自費出版で本を書くといいと思うわ」と言われたのがきっかけです。そりゃぁ面白いかもしれん！
　その日から、思ったことを書き始めました。昔から思ったことしか口に出しませんでした（社交辞令や忖度は、私にとっては全くの無駄としか思っていなかったです）。もともと話すことはとても好きで、私がしゃべっていたことは数限りなくありました。しかし一度も書いたことはありませんでした。とりあえず書いてみると、あっという間に増えました。いくつ書くと本に出来るの？　この文章はどういうジャンルになるの？　これからどうすればいいの？　わからなくなり、とりあえず出版社に資料請求のメールを送りました。その後、作品を送って、本を出版することになりました。
　私にとっては、当たり前のことだと思っていたこと

ばかりです。しかし、生き辛くて悩んでいる方々が、気楽に読んで、「人って面白いね！」と、人に興味を持っていただいて、これから先の人生を、真剣に気の合う人とのつながりを大切にし、今まで苦しい人生を歩んでいらっしゃった方には、大逆転して楽しい人生を歩んでほしいし、今まで楽しかった方には、その楽しさにほかの人も巻き込んで、自分本位ではない、より一層楽しい人生を歩んでほしいと思って書いています。

元気が出る！
昌子のビタミンことば
もくじ

はじめに　3

第1章 もっと自分らしく生きるために

1　まず行動……14
2　違和感は重要……15
3　"考える"をやめない……16
4　余裕が大事……17
5　人生をイメージ……18
6　自分を好きになる……19
7　まず反省から……20
8　しゃっくりの止め方……21
9　継続は才能……22
10　自分でやるから身に付く……23
11　趣味は心を豊かにする……24
12　ストレスは人生のスパイス……25
13　一人の時間はチャンス……26

14 人はみんな誰かに支えられている……27
15 人は弱い生き物……28
16 不安に負けそうになったら……29
17 後悔は無駄……30
18 今を生きる……31
19 本の発見……32
20 いつも謙虚に……33
21 特技は複数持つべき……34
22 特技は時々欠点にもなる……35
23 自分が変われば、人生が変わる……36
24 心のままに……37
25 備えあればストレスなし……38
26 努力の方向……39
27 我慢はストレスの便秘……40
28 年齢で決めない……41
29 "また今度"は言い訳……42
30 言いたいことを我慢しない……43
31 自分を大切に……44
32 好きなことで心を満たす……45
33 自分を客観視……46
34 自分を知る……47
35 プライドを捨てる……48
36 一人暮らしのすすめ……49

37　目標は自分で決める……50
38　依存からの脱却……51
39　孤立は逃げる習慣から……52
40　まず自立……53
41　個性は密かに磨く……54
42　楽な道を選ぶな……55
43　失敗は自分の責任……56
44　小さな目標から……57
45　判断基準……58
46　可視化……59
47　焦らず、時を待て……60
48　損得よりも大事なもの……61
49　一人旅のすすめ……62
50　脳の活性化……63
51　人を育てる順序……64
52　自分の立ち位置を意識する……65
53　たくさんの個性……66
54　人の言葉はプラスのエナジー……67
55　みんな違う興味……68
56　あら探しの弊害……69
57　ストレスで自分の器を知る……70

第2章
誰かと会うことが ストレスになっているあなたに

- 58 ほめ過ぎない……72
- 59 言葉の裏を読む……73
- 60 言葉をそのまま受け止めない……74
- 61 自分の非に気付く……75
- 62 相手の欠点を教える……76
- 63 長話に注意……77
- 64 他人から学ぶ……78
- 65 他人の人生を決めない……79
- 66 親切とおせっかい……80
- 67 一緒がいい……81
- 68 人は他人に無関心……82
- 69 束縛と愛情……83
- 70 勝ち負けの弊害……84
- 71 友達作りの秘訣……85
- 72 運命の人とは……86
- 73 直接伝える……87
- 74 "すみません"の罠……88
- 75 誰かと一緒に……89
- 76 行動の選択基準……90

77 長所を見つける……91
78 暴言で傷つくのは自分……92
79 悪口は返ってくる……93
80 優先順位……94
81 人から学ぶ……95
82 三方向から考える……96
83 ストレスの扱い方……97
84 聞き上手……98
85 受けた恩、与えた恩……99
86 弱点を攻撃しない……100
87 素直に褒める……101
88 人は嘘をつく……102
89 人は怖くない……103
90 攻撃的な人……104
91 コミュニケーションスキル……105
92 怒りはチャンス……106
93 人間関係の築き方……107
94 待ちの姿勢……108
95 2種類の依存症……109
96 無償の愛……110
97 同情の弊害……111
98 人は財産……112
99 "あなたのため"は押しつけ……113

100 共通の敵作りは無駄 お金は歪む……114
101 その否定が関係を壊す……115
102 対話の役割……116
103 NOと言う勇気……117
104 無理は禁物……118
105 ベストカップル……119
106 怒りよりアドバイス……120
107 何も言わない時は多分反対！……121
108 価値ある時間……122
109 要注意人物の見分け方……123
110 本当の姿が見える時……124
111 言霊は重要……125
112 無防備な時こそ真実の姿……126
113 見えない敵はあなたの中に……127

おわりに　128

謝辞　130

第 1 章

もっと自分らしく生きるために

1 まず行動

頭に何かしたいことが浮かんだら、
とりあえず行動してみる。
成功しても失敗しても
勉強になる。

　子供のころ想像することがとても好きでした。しかし実際に行動してみると、ほとんど思ったようにはならず、現実は厳しいと知りました。

2 違和感は重要

自分が感じた心の違和感は、
無視せず止まって考える。

　車を運転中道幅が狭い橋に差し掛かった時のことです。少し中央に寄って、対向車線から普通車が走ってきました。妙に真ん中寄りを走る車だとは思いましたが、充分すれ違える広さの道路なので直進しました。しかし、車がすれ違う時お互いのサイドミラーが接触！「バキッ！」

　怪我も何もありませんが、一応事故です。へんぴな場所で、警察が来るのに1時間。用事で行かなければならないところに、事故で遅れる電話。無駄に心配をさせた挙句に車の修理費がかかったりと、無駄な時間を過ごしました。違和感を感じたら、必ず止まって考えること！

3 "考える"をやめない

考えることをやめてはいけない。
考えたら必ず少しずつ行動する。
そうしないと、現実に居る自分と、
考えた先に居る自分のギャップが広がり、
人格が壊れやすくなる。

　私は、考えることが好きだから、考えることをやめることが出来ません。考えたことを少しずつ行動して、失敗を繰り返します。考えるだけだと失敗しないので、すごいところまで考えが進んでしまいます。行動して失敗することは大切です。現実は厳しいものです。

4 余裕が大事

何をするにもゆとりが必要だ。

気持ちの余裕、

お金の余裕、

体力的な余裕、など。

　ぎりぎりだと、失敗した時の立ち直りに時間がかかる気がします。そして余裕のなさは人に伝わります。結果、うまくいくこともダメになるかもしれませんよ。

5 人生をイメージ

せっかく人間に生まれたのだから、
イメージを描いて生きてほしい。
人生をイメージして生きる努力をすると、
本当に描いた形になっていく。

　生物の中で、人間だけが持っている特徴ですよね！自分がどうなりたくて、どうなれる可能性があるのかイメージして生きないと、勿体ないと思いますよ。想像し、実行あるのみ！

6 自分を好きになる

自分を否定してはダメだ。
自分の味方は
自分しか居ない。

　まず、自分のことを好きになってほしい。この世にたった一人しか居ない自分自身を愛せなくてどうします！　ダメな自分をさらけ出して、自分自身を認めてあげてください。誰が何と言おうが、あなたは大切な人ですよ！　人の誹謗中傷に振り回されてはダメです。

7 まず反省から

恥をかかされたと思う時は、
自分が恥をかくはずがない
という思い上がり。
傲慢な自分を反省する時。

　いくつになっても失敗して恥をかいてやり直せばいいんです。傲慢さが表に出ている人には、誰も何もアドバイスをくれませんよ。せっかくのチャンスを逃さないでほしいです。

8 しゃっくりの止め方

しゃっくりが出て止まらない時は、
口に水を含み、
股覗きのスタイルのまま飲み込む。
そうすると大抵止まる。

驚かせば止まるとか、息を止めれば止まるとか、どれを試しても止まったり止まらなかったりしていたしゃっくりが、この体勢で水を飲むと、私は必ず止まりました。すごい！ しかしすべての人が止まるかどうかはわかりません。股覗きの体勢をとるのが不可能な方はおやめください。そして誤嚥（ごえん）に注意してください。

継続は才能

何でも、
続けることが出来ることは、
その人の才能だ。

　楽しめれば続くし、苦しきゃ続かん、何でも楽しまにゃ損！　損！　自分に起こったことを、すべてプラスに考えることが出来るようになれば、最強です！　素晴らしい人生しか待っていませんよ！

10 自分でやるから身に付く

人から無理やりさせられていることは
なかなか身に付かないが、
自分の意思で決めて行うことには、
すごいエネルギーが出て
身に付きやすい。

　自分がそのことが好きかどうか、したいかどうか、楽しめるかどうかで決まると思います。そもそも無理やりさせられているという段階で、多分嫌いなことだから、あまり上達したいとも思いませんね。

11 趣味は心を豊かにする

自分が自分の好きなことに打ち込むと、
人の好きなことも認めることが出来て、
物の考え方が豊かになる。

　趣味があまりない人の中には、お金がかかるからもったいないとか、いい年をしてそんなことをしてとか、自分だけの価値観で、人にアドバイスをしている気持ちになって言う人がいます。しかし自分が本当に楽しめる趣味があると、例えば、自分には全く興味がない事でも人が楽しそうに話しているのを聞くと、聞いていて楽しくなります。それでいいんです。心が豊かになります。

12 ストレスは人生のスパイス

過剰なストレスは害にしかならないが、
少しのストレスは、
自分を磨くスパイスになる。

　50歳過ぎて英語の検定を受けることにした。なかなか身に付かないストレスと闘いながら、過去問やラジオの英会話で勉強した。受けた時の緊張感と受かった時の喜びは、ひとしおでした。

一人の時間はチャンス

一人で居る時間こそ、
自分磨きのチャンス。
勉強するもよし、
昼寝して充電して休むもよし。

　今まさに一人でこの文章を書いています。この後少し昼寝でもしますか。その後、夕食の準備にとりかかりますか！　どんなごちそうを作ろうかな？　こうして、程々に料理も上手になりました。

人はみんな誰かに支えられている

自立を目指して、すべてのことを
自分でやろうとしてみると、
自分自身出来ないことがたくさんあると
気付く。皆さんのおかげで
今の自分があるのだとわかり謙虚になれる。

　10代のころ、親に結構文句を言っていた時、「文句があるのなら、自分でしてみぃ！」と言われました。「やったるわ」と言って始めてみると、なかなか思うように出来なくて、これまで自力で成長してきたと勘違いしていたことに気付きました。気付けて良かったね。自分！

15 人は弱い生き物

人間は弱いものだ、
だから弱いと自分で認めれば、
とても気楽になる。
虚勢を張らず自然体でよい。

　負け犬は吠えるって、言いますよね。吠えている犬も、私にはしんどそうに見えます。だから「強がってるぞ！」オーラを出すとエネルギーの無駄使いで、疲れが倍増します！　そのようなところに使うエネルギーがあるなら、肩の力を抜いて、気楽にいきましょう。弱くていい！

16 不安に負けそうになったら

不安が多い人は、
未来に対しての意識が
強すぎる。

　未来に対して、必要以上に意識を向けると、失敗したらどうしようとか、これから先本当に大丈夫かしら？とか、何も決まっていないことなのに不安になる。不安なら未来に向け、今出来ることで準備して！

17 後悔は無駄

後悔することが多い人は、
過去に対しての意識が
強すぎる。

　過去に対して、必要以上に意識を向けると、あの時、ああしていれば、人生が違っていたの？とか、したくなかったけれど、断れなかった！とか、しなかったことや、出来なかったことを後悔する気がします！　しなかったことに後悔するなど無駄です。後悔するなら、人に依存せず、自分の器の範囲内でしたいことをして失敗したほうがまだましです。

18 今を生きる

未来も過去も
今すぐどうすることも出来ないのに
そこに意識が集中していては、
今を充分生きていない。
とても勿体ないことだ。

　今を8割、未来を1割、過去を1割の意識で生きるバランスがベストバランスだと思います。過去の失敗を少し反省しながら、明るい未来を想像して、今を精いっぱい生きる！　楽しそう！と、思いませんか？　ただし、強制ではないので好きなバランスで生きて下さいね。

19 本の発見

昔読んだ本を読み返すと、
同じ本の中に、
昔には気付かなかった内容を
見つけることが出来る。
それこそ、成長している自分の証しだ。

　1冊の本からいろんな発見！　経済的です。一粒で何度も美味しいです。何をするにも、一度目より二度目と、回数を重ねるごとに経験値が上がります。作者が本当に伝えたかったことも、未熟なその時の私には、まだ理解出来なかったのかもしれません。成長するのは楽しい！

20 いつも謙虚に

自分を過大に評価すると人を妬みやすい。

　自分を過小評価しているような発言は、平和主義者の日本人に多い気がします。しかし、口とは裏腹に、本当は、自分自身を過大評価している場合が多いとも思います。絶対に自分が選ばれる自信があった時、立場が上の別の人が選ばれ、本当に正当な評価なのか疑問に思い、妬ましく思った。しかし、圧倒的な違いがない限り選ばれるかどうかは誤差程度の事なので勝手に自分を過大評価していた事に気付いて反省した。妬みというゆがんだ感情は、自分の心の声と、実際の発言のギャップから表れると思います。たかが自分！　されど自分！　妬みは、見苦しいですね。やめましょう！

21 特技は複数持つべき

一つの特技に執着すると、
それを失った時
人格が壊れやすいから、
いくつかの特技を見つけて
磨いておくとよい。

　何を始めても順風満帆に進むことなどめったにない、必ず壁に突き当たります。その時に、逃げ道がたくさんあると、ちょっと寄り道して息抜きをすればいい。それが好きなことなら苦でもない。その寄り道から何かのアイディアが思いつくかもしれません。自分が興味が持てることをいろいろと見つけて、自分なりに磨いておくと、いつの日かすべてがつながります。面白いですよ。

22 特技は時々欠点にもなる

自分にとっての最大の特技は、
最大の欠点であるとも認識する。

　自分の不注意から、右腕を肉離れしてしまい、1週間以上あまり仕事の出来ない時がありました。皆さんに「手に職があるからええなぁ。ええ仕事を選んだなー。定年もないんじゃし」と、いつも言っていただいてまんざらでもない自分が居ました。しかし、腕の怪我だけで何も出来ないんだ！　情けない！　何か別の方法でも収入を確保しないとダメだと思いました。一つのことだけだと、失った時途方に暮れる可能性があるからね。

23 自分が変われば、人生が変わる

人はいつからでも変わることが出来る。
自分が変われば、周りの接し方が変わり、
出会う人も変わる。
出会う人が変わらなくても、
今まで会っていた人の長所を
見つけることが出来るようになる。
そうすると、人生も変わる。

　人生は、自分に起ったことを、プラスに考えることが出来るか、マイナスにしか考えることが出来ないかで大きく違った方向になる。道を歩いていて、右に行ったり、やっぱり左に行ったり、自分がプラスに考えることが出来る選択肢をその都度、いろいろ選べばいいんです。惰性で生きないで！

24 心のままに

頭で考えず、
心で感じた通り行動せよ。
建前ではなく、
本音で行動しましょう。

　頭で考えると、どうしても人それぞれの癖というのか我というのか、しなければならない義務感などが優先され、結局自己犠牲をしてでもやってしまう気がします。感謝されるどころか、かえって迷惑の域まで入りそうです。それに対して心で感じた行動は、とても純粋で思いが行動に直結していて、力みがなく自然な気がします。思いやりとか優しさでしょうか。それで充分だと思います。

25 備えあればストレスなし

予想もしていないことが
突然起こると、大きなストレスになる。
幅広い視野を持って、
いろんな準備をしておくと、
少しはストレスの緩和になる。

　人生予定通りには進みません。私はいつも最悪の事態から、最高の結果まで考えるようにしています。それでも私の考えた最悪の予測や、最高の予測を超える結果が出ることがあります。まだまだ人間考えが浅いと感じます。そうやって準備していると、どんな結果が出ても、大抵楽しめますよ。やってみてください。お勧めします。

26 努力の方向

努力しても報われないと思う人は、
努力の方向を間違えている場合が多い。
または、自分の実力に対して、
期待が大きすぎる。

　例えばトマトを育てている時、足りないのは水か、日光か、肥料か。種をまいただけで、手をかけないでほっておいたのでは、うまくいく時もありますが、往々にしてうまくいきません。

　最終目標を頭に描き、進んで行くと、何度も壁にぶつかります。その都度、自分自身で反省と軌道修正をしないと、とても自分自身の最終目標には辿り着くことが出来ません。自分の心と対話しながら少しずつ進んで下さい。そちらの方が今の時代に合っているかも。

我慢はストレスの便秘

我慢することは悪いこと。

辛抱や、

昇華するならよい。

　我慢は、ストレスを外に出していないだけ、便秘と一緒。苦しいよ。辛抱は、暗いトンネルの中から、遠くに明かりが見えて、そこに向かっている途中って感じ。明るい未来が待っている感じ。昇華は、全く違った素晴らしいものに変化する感じ。SDGsかな？

28 年齢で決めない

人それぞれ成長する速度が違うから、
この年齢だから出来て当たり前
ということは、何もない。

　そういうふうに人を型にはめようとするから、その場限りの背伸びをしたり、虚勢を張ったり、反発したりして、人の素直さを失わせる気がします。世間の勝手な物差しで、人を測らないでください。

"また今度"は言い訳

また今度とか、
また次回と言う先延ばしは、
自分がしないことへの言い訳、
大抵の場合二度とすることはない。
するなら今！

　昔、また今度と言われ、待てど暮らせど、何の連絡もなかったので、そのことを友達に聞いたら、「それは社交辞令ってものよ！」と言われました。

　人は無意識で、その場限りの無難な嘘をつくものだと知りました。以後、自分が本当に行きたい時のみ約束し、数日中には連絡するようにしたら、今では、周りがそういう人ばかりになりました。変化は、面白い！

30 言いたいことを我慢しない

言いたくても、
口に出せなかったことを
吐き出すことが出来たら、
それだけで
新しい自分に生まれ変われる。

　そういった繰り返しこそ、芯が強い人になれます。口に出せなかったことは、いつまでも胸の中につかえています。気持ち的に次に進む妨げになります。話す勇気を持って！　話した後面倒なことになるのを心配して話さなくなるのかもしれませんが、結果を先に考えすぎるのはマイナスですよ。案ずるより産むが易しです。

31 自分を大切に

自分を大切に出来ない人が、
人を大切に出来るはずがない。
自分を大切にするのと、
自分を甘やかすのは、
全く違うことを認識せよ!

　自分を大切に出来ていない人は、自分のことをよくわかっていません。まず、自分の心の声をちゃんと聞きましょう。世間の人にどのように見られたいのかは、全く重要ではありません。いい人のふりを演じないでください。だから疲れ果て、こんなに疲れている自分だからと、自分自身を甘やかしてしまうのです。それでは、とても人のことまで考える余裕はありませんね。

32 好きなことで心を満たす

好きなことと、嫌いなことは、
意識レベルでは同じだ。
どちらも
自分が気にかけている。

　好きなことは、気が付くと目で追っています。嫌い嫌いと目を背けると、心の中に嫌いという意識が残り、やはり目に付きます。あまり嫌わないほうがいいのでは？心の空きスペースも、好きでいっぱいにしたいね！

33 自分を客観視

客観的に
自分を見ることが出来ることが必要だ。
見ることが出来ないから、
人に見て注意してもらい、
自分のダメさを
素直に受け止める必要がある。

　完璧な人間など何処にもいない。人が、あなたになら何でも話したくなるような人になってほしいです。それは、素直な人になるということです。結局そんな人が愛されますよ。

34 自分を知る

自分自身の弱点を認めて、自分が出来ることから始めましょう。

　いいじゃないですか、弱いところやずるいところが今はあっても。それをちゃんと指摘してくれる真の友達を大切にし、少しずつ本当の自分を知り、弱さや、ずるさが自分にはあるのだと認め、少しずつ克服して出来るところから始めましょう。そういう努力が出来ている自分ってかっこいい！　だから好きになれるでしょう！

35 プライドを捨てる

自分の変なプライドを捨て、
素直な気持ちで人生を歩もう。
すると明るい未来が開ける。

　定年後、特に趣味もない夫が、ずっと家に居て、妻は朝、昼、晩、3食食事の支度。妻が趣味に出かけて、昼帰れないと言った時、いちいち口をはさみ、「俺の食事はどうするんだ！」。旦那さん！　あなたも、定年という変化を受け入れ、自分で自分の食べたい料理を作ったり、妻に「今までありがとう！　これからは、家事は分担しよう」と、なぜ提案出来ない！　だからぬれ落ち葉と言われるんだよ！

36 一人暮らしのすすめ

過剰な甘やかしは、人に対してと
自分に対しての恐れを誘発する。
自立を目指して
一人で生活させる必要がある。

　狭い世界に居ると、そこがすべてで、楽で、どうしても考え方が自分中心になります。しかし、急に外の世界に出ると、誰もあなたを中心に置いてくれません。すると自分の価値を認めてもらえない気がして、怖くて外に出ることが出来なくなります。それはすべてあなたサイドの考えです。そこで、少しだけ人の気持ちを想像してみてください。あなたが人に関心がないのと同じで、人もあなたに関心がありません。だから、自己中心的で甘やかされてきたあなたが、中心になどなれるはずがないのです。まず、人の気持ちを少し思いやることから始めてみませんか？　家に居たのでは味わえない世界が待っていますよ！

目標は自分で決める

なりたい自分になるための
目標は自分で決める。
親が喜ぶ自分になろうとすると、
いつの日か自分が壊れる。
自分の人生を演じる必要はない。

　嘘の自分を演じ続け、親が思う理想の子供になろうとしていませんか？　自分で決めた目標なら、失敗してもまたチャレンジするエネルギーと、意欲と責任感が沸き上がってきます。しかし、親が勝手に思う理想の子供など推測したとしても真実はわかりません。自分が壊れる前に気付いてほしい。それでも演じたいというのなら、役者になりましょう。

38 依存からの脱却

誰かが何かしてくれなかったと思う時は、
依存的な人間になっている。
自分自身の成長のために、
自力で成し遂げ、その結果を褒めよう。
それが自立への第一歩だ!

「何かしてくれなかった」のは過去のある一時の話。そういう人は、何度でも同じことを言う。過去のことなのに、今でもまだずるずる引きずって、過去をいつまで生きるつもりなのか？ 全く！ 人としての成長を止めた状態で、周りにも迷惑をかけていることがわからないのでしょうか！ 勿体ないことです。今度は、逆にあなたがしてほしかったことを皆さんにお返しするチャンスですよ。このチャンスを活かし一気に依存から脱却しましょう！

39 孤立は逃げる習慣から

何事にも向き合わずに
逃げる習慣がつくと、
人として成長出来なくなり、孤立し
モンスターへとまっしぐらに進む。

　なぜ、逃げるのか。「自分が何を言っても理解してもらえない！」「説明がめんどうくさい！」「どうせ言うだけ無駄！」などの理由でもあるのでしょうか？　これは、人を下に見ている状態で、自分のプライドだけを肯定しています。まさにモンスターですね。まず、人を自分より立場が上だという意識で考えるようにしてください。誰でも自分のことを下だと見られている人の話を真剣に聞くわけがありません。まず、意識の改革が必要です。

40 まず自立

自分が自立してこそ、いろんなことのありがたみがわかる。依存した状態では、心から感謝することは出来ない。

　今、何かしてくれたから返す。こんな目先の物々交換のような人間関係では、条件付きの関係しか作れない。見返りしか期待していない。条件付きというのが、まさに依存状態の関係です。依存しているから、言いたいことも言えない。この状態で心から感謝出来ると思えますか？　無理ですよね！　このままでは心が崩壊します。条件付きの関係をぶっ壊し、自立しましょう。

41 個性は密かに磨く

自分の個性を磨くためには、
若いうちからあまり目立たないほうが
磨きやすいと思う。
あまり目立つと、時と場合により、
自分自身でつぶれるかもしれないし、
人につぶされたりする可能性もある。

　子供のころの私は好奇心旺盛で、誰にでも、なぜ？ どうして？　と聞いていました。しかし大人は、そういうもんだから、昔からそうだったからと、明確に答えることはありませんでした。かえって、へ理屈が多いとか、変わった子供だとか言われ、自分がおかしいのかとも思いました。何も出来ない子供の私は、大人に聞くことを諦めて、自分で経験して結論を出していこうと考えるようになりました。そして将来自分が大人になったら、同じように悩んでいる子供に、真実の言葉を話せるようになれるといいなと思いました。
　みんなそれぞれの個性、勝手に否定するんじゃないよ！

42 楽な道を選ぶな

楽だからと、逃げる癖がつくと、
自分の個性を生かすことなく
後悔することが多いか、人のせいにして
自分だけを肯定する人生を
歩む可能性がある。

　楽から生まれるものを考えると、自分以外の人の自己犠牲かな？　自分が楽をする時には、他の人がその部分を埋め合わせる。結局人がやってくれるので、自分自身の成長には全くならない。自分が苦労していないから、ありがたみも大変さもわからない。そして、何か偉い人になったように勘違いする人も出てくる。楽を選択することで、自分自身の軸が崩壊してしまう気がします。

失敗は自分の責任

人からアドバイスを受けた後に
失敗した時、人のせいにしてはいけない。
影響を受けた事実はあったとしても、
GOサインを出したのは本人です。

　成功したら自分の手柄、失敗したら人のせい。そういうことでだんだん恩知らずな人間が出来上がります。すると誰もあなたにアドバイスしてくれなくなります、あなたの人生の大きな損失だと思います。とても残念なことです。

44 小さな目標から

小さな目標の達成の積み重ねが、豊かな人生の始まりだ。

　大きな目標を立てると、よっぽど忍耐強くないと達成は難しいが、ほんの些細なことにも喜びを見つけることが出来ると、喜びの連鎖で味気ない人生が楽しく変わります。是非試してみてほしいです。

判断基準

こそこそ行動してはダメ！
そういう時は
隠し事をしようとしています。

　隠れて何かしようとしている時は、何か自分に後ろめたいことがあり、どうにかしてつじつまを合わせようとし、変な言い訳になり、余計に怪しくなって、結果どうにもならなくなり、ばれてしまいます。その時は一所懸命だが、後で考えると、とても幼稚でばかばかしいと思います。　堂々と出来ないことは、やめたほうが健康にも良いと思います。

46 可視化

思いついたことはメモを取ってください。
文字になり、目で見ることで
自分の思いが理解出来ます。
出来ればそれを自分の声に出して
話してください。

　話すことで、自分の心に記録されます。自分の心に記録されるのだから、ポジティブな言葉しか書いてはダメですよ。うれしい、幸せ、最高、etc....こんな言葉ばかり書いて見ているだけでも、幸せな気分になりませんか？　試しにやってみてください。

焦らず、時を待て

焦っている時は、
良い結果が期待出来ませんね。
焦りは人に伝わるし、
圧力を読み取られて無駄に警戒されます。

　焦って何かを伝えようとすると、思っていることの半分も伝えることが出来ません。それどころか、逆に変な印象を与えてしまう。一度相手にブロックされると、話せば話すほど相手との距離が遠くなります。ベストなタイミングは、今じゃないです。大きく息を吸って、もう少し寝かせましょう。

48 損得よりも大事なもの

損か得かの判断で、
物事を決めてはいけない。

　自分の心にポリシーをしっかり持って、それに沿っているのかどうかを見極める目が必要です。自分のポリシーに1ミリも反していなければ、多少出費がかさんでもすればいいし、人が勝手に持ってくる儲け話など自分のポリシーに沿うわけもないから、断ればいいんです。ふらついてはダメですよ。しっかり自分で見極めないと、泣くのは自分です。うまい話など転がっていませんよ。

49 一人旅のすすめ

自分のことを
誰も知らない地域に行った時、
うれしいことがあって喜ぶことが出来て、
悲しいことがあって悲しめるなら、
あなたの心は大丈夫です。

　すごく仕事が忙しかったころ、数か月に一度は一人旅に出ていました。誰も知った人が居ない地域に行った時の自分と、仕事の時の自分の感情の違いを知るためです。客商売を長くしていると、自分では気付かないうちに、お客さん寄りに自分を作っている可能性があるから。旅先での感情が、店に居る時と変わらないようならOKです。また翌日から元気に仕事が出来ました。

50 脳の活性化

何か新しいことを始めようとすると、
胸がワクワクして、脳が活性化します。
脳が新しい情報を求めているのかも
しれません。

　習慣化したことしかしなくなると、新しいことを始めるのがおっくうになります。でも新しいことを始めようとすると、知らないことだらけで、いかに自分自身が無知なのかを知ります。人間死ぬまで勉強です。

51 人を育てる順序

人を育てるには、その人に合った順序がある。

　我々が子供のころは、自分の意思とは違っていたとしても、ある程度我慢して従っていることがありました。しかし今の時代は、何もわからない子供の時から、自由意思の尊重が優先になっている気がします。若い時の苦労は、買ってでもしたほうがいい。不自由を経験するからこそ、自由がよりうれしいし、自分の行動に責任も持てると思います。

52
自分の立ち位置を意識する

人と話をする時、
常に自分の立ち位置を
意識して話す習慣をつけましょう。

　私は、客商売をしているので、お客さんがやや上で、私がやや下という意識で接しています。日常生活で度を越してへりくだる必要はないし、上から偉そうに言うのも違うと思います。立ち位置を意識して話すことで、自分に嘘をつけなくなるし、いろんなことが見えますよ。楽しいですよ。是非おすすめです！

たくさんの個性

想像してください!
ウニの一つ一つの棘が皆さんの個性です。
皆さんたくさんの個性に覆われています。

例えば、どれか一つだけ磨いて強くなっても、角が出来たようで人としてのバランスが悪くなる気がします。苦手分野も克服しつつまんべんなく磨けるといいですね。苦手分野のことを知ることで、得意分野もより一層厚みが出て、豊かな発想が出来ると思います。いろんなことを知ることは、自分のためになります。

54 人の言葉はプラスのエナジー

人が話した言葉や振る舞いを、どれだけ
自分のプラスにすることが出来るかで、
人生は大きく変わる。

　自分は、自分の失敗から多くのことを学ぶことが出来ます。人からは、人の成功と失敗から多くの事を学ぶことが出来ます。人からは倍学べます。そのようなチャンスをわざわざ逃してどうしますか？　人に興味を持ち、意地を張らず、素直に人の言葉を聞き、一挙一動を自分のプラスのエネルギーに変えてください。きっと、楽しい人生が待っていますよ。

55 みんな違う興味

興味が向く対象は、人それぞれ違う。
自分以外の人の気になるものを知り、
そこを意識することで、
少し心が豊かになる。

　うちの旦那は、植物がとても好きです。毎日植物を観察して、水やりをかかすことがなくて感心します。我が家の出窓、トイレ、お風呂、脱衣場など、置くことが出来るスペースがあると、そこにいつの間にか植物が増えているようです。ところで私は、サボテンを枯らしてしまうほどのつわものです。旦那の「蘭が綺麗に咲いとるし、多肉植物に花が咲いとる」という話から、少し意識してみると、花が増えていたり、枯れていたりと、私でも変化を感じることが出来て、少し心がほっとしました。

56 あら探しの弊害

人のあら探しをするのをやめませんか？
自分に劣等感があって、
変にプライドだけ高く、しかし
人には認められたい人に多い傾向です。

　人のあら探しをして価値を下げて、自分を肯定出来た気がするのかもしれません。しかし、それであなたの劣等感は消えますか？　素晴らしい人に素直に素晴らしいと言ってみなさい！　よほど気持ちがすっきりします。あら探しは、人の悪いところにしか目が行かないということです。自分の基準で人を判断し、自分が一番偉いと思っています。それでは人として進歩しようという意識は全くありませんね！　勿体ないことです。

ストレスで自分の器を知る

自分にストレスがあると、人の幸せを素直に喜べない自分に気付く。

　12年前コールタール色の便が出て、翌日病院で検査、1週間後、検査結果を聞きに旦那と一緒に病院に行きました。結果、胃に進行癌が見つかりました。そのころお客さんが、「自分が人間ドックでどこも悪いところがなくてよかった！」と言った時、「よかったですね!?!?」と言った私の言葉には多分棘があった気がします。自分の器の小ささに驚きました。手術を決め、無事成功し、今でも元気に生きています。癌の宣告後、絶対悔いのない楽しい人生を歩むぞ！と決心しました。

第 2 章

誰かと会うことが
ストレスになっている
あなたに

58 ほめ過ぎない

人を褒める時は大げさに褒めない。
思っている以上に褒めすぎると
（罪悪感などが湧いて）
その人に会いたくなくなり、
自分の居場所が狭くなる。

　ヘアーサロンの従業員として働いていたころ、びっくりするような化粧をして来られたお客さんに、「綺麗にお化粧されていますね！」とか言って、たくさんの店販品を買ってもらって、その後とても気まずかった。お世辞を言うと、自分自身が苦しくなりました。

59 言葉の裏を読む

人の言葉すべてを信用しないで、
その人の表情から、
奥にあるその人の心の声を聞く。

「私の趣味は競馬です。なかなかやめることが出来なくて！」と言った時、「良いことですね」と言われましたが、明らかに呆れ顔でした。良いわけないやろ！

言葉をそのまま受け止めない

大抵の人は、自分が思っていることの
多くても5%〜10%ぐらいしか
言葉にしていない。だから、
言葉をそのまま信じてはいけないし、
辛いことを言われたとしても
傷付く必要もない。

　言わない習慣がつくと、腹が立った時には思っている以上に人を罵倒する言葉を言ってしまい、言われたほうは罵倒された部分だけが記憶に残ってしまいます。結果的に修復困難な状態になり、その人を避けなければならなくなります。勿体ないと思います。そういう時は、腹が立っていて言い過ぎたんだろうな〜、と思えばいいんです。そもそも付き合いたくない人なら付き合わなくていいんです。

自分の非に気付く

もめ事が起きたら、必ず自分にも非がある。
自分の中の何が悪かったのか
自己反省出来ない人間に進歩はない。

いつも15分程度遅刻して来られるお客さんに、皮肉っぽく指摘したら、次は30分以上遅れて来られました。皮肉は相手を馬鹿にした言葉だと反省し、あなたを今散髪すると、次の時間の予約の方に間に合わないのでと、お断りさせていただきました。その方は、次から予約時間前に来られるようになりました。が、その方も時間に細かいことを言わないお店に行けばいいし、それでもよければ来ればよい。自由に選べばいいんです。

62 相手の欠点を教える

本人に向かって言えない愚痴は、
他でも言うべきではない。
本人に向かって言う場合は
考えて話すから勉強になる。

　それって、本人に言わないと直りませんよ。付き合いがある以上ずっとあなたが嫌な思いをすることになります。気付かせてあげるのも親切だと思います。本人に話すことで、自分の気付いていない自分自身の悪いところがわかるかもしれません。直接本人に伝えないという選択肢はありません。

63 長話に注意

長い話をしたいのであれば、
同じだけ人の話を聞かなければならない。
それを苦痛に感じたら、
あなたの長い話も
そう思われていると理解する。

　自分が偉いと思っている人、誰もあなたの長〜い話は聞いてないよ！　早くやめてよ！　自分が偉いと思っている人は、話すのは好きだが、話を聞くのが苦手だ。だから、自分と反対の意見の人を排除する傾向にある。結果、すべて自分を肯定してくれるイエスマンのみ近くに置くようになる。すると自分で築いた王国の崩壊が始まる。聞く能力が劣っているのなら、聞けるように努力する必要がある。

64 他人から学ぶ

良いにつけ悪いにつけ、
どんな人にも学ぶべきところがある。
だから自分の都合で
人を否定してはダメだ!

　素晴らしい人を見ると、私もそうなりたいと思うし、思わなくても、近づきたいと思う。ダメな人を見ると、ああなっちゃダメだと反面教師になります。どちらとも自分のためになります。

65 他人の人生を決めない

人は誰かの所有物ではないから、
他人の人生を勝手に決めてはいけない。

　高学歴だと幸せになれるからと、勉強だけ一所懸命させている親御さんは多いと思う。その子の意思なら、それもよいとは思います。もし親の圧力を感じて勉強していたなら、かわいそうな気もします。もっと選択出来る余裕をあげて！

66 親切とおせっかい

親切とおせっかいは紙一重だ。
親切かどうかは、
相手を見ていれば大抵わかる。
相手を見ないでしている親切は、
大抵している側の自己満足だ。

　あの人は、あそこまでしなければ良い人なんだけど、やり過ぎて後々余計に手間がかかるという話はよく聞きます。迷惑だと思っているのか、ありがたがっているのか相手の様子を少し見るとわかると思うのですがね。

67 一緒がいい

一人で予定を立てて
すべてそつなくこなすよりも、
誰かと一緒に協力して達成した
一つのことのほうが数百倍うれしい。
人間だから、人の間に生きてこそ実感する。

　ある休日、朝から夜まで分刻みですべての私の予定クリア！　すごい！　と自分を褒めた。しかし、ただのタスク終了って感じで味気なかった。だが、友達と休みを合わせ、旅の計画を練り決行し、楽しんで帰った後の充実感はでーれー最高じゃ！

68 人は他人に無関心

自分がこんなにしてあげているのにと
思う時は、やり過ぎている時。
すぐやめるべきだ。そして
たとえやめても多分誰も気付かない。
人はそれほど他人に関心を持っていない。

　こんなにしてあげていると思った時点で、頼まれてもいないことを自分本位で押しつけています。望んでもいないことをされてもさほどありがたくないかもしれないし、やめたとしても、最初から期待してもいないので気にもしません。そのように考えると、人は随分無駄なことをしていると思います。でもそれが人間の不揃いな面白さだとも思います。

69 束縛と愛情

束縛されればされるほど
逃げたくなる。
愛情と束縛を勘違いしている人は多い。

　親としては、心配で子供にいろいろ細かいことを聞きたいのはわかります。しかし束縛とは、相手の意思に関係なく、自分の意思を押しつけることです。愛情とは、見守ること、手を出すのは本当に困ってから。先回りして手を出さない！　早く手を出して助けてしまうから、自分で考えて行動しなくなり自己中心的な人間を生産します。困ったものだ！

70 勝ち負けの弊害

人間は無意識のうちに、誰かと比較して
勝ち負けをつけて勝ちたがる。
少しの競争心なら
自分磨きに良い影響を与えるが、
度を超すと妬みになる。
妬む心はすべてを壊す。

　見えないところで皆さん苦労しています。自分に見えているところ、耳に聞こえた言葉だけで、人を妬むなど無駄なことです。勝とうと思わなくていいんです。あなたは、あなたです。あなただけの優れた部分は、あなたの中にあります。自分を知ってそれを見つけましょう。楽しいですよ！

71 友達作りの秘訣

友達は、
自分が素直な心で接すれば、
年齢に関係なくいつからでも作れます。

　無駄なプライドは要りません。素直が一番です。そして相手のことをわかろうとしてください。例えば、自分が注意されて勉強になったことは、相手の性格を考えながらその人に伝わる言葉で話す。考えてみてください、こんなに自分に対して親身になってくれる人が身近にいたら、絶対に友達になりたいと思いませんか？　そういう人に、あなたがなればいいんです。

72 運命の人とは

基本一人で居る時の自分が本当の自分だ。
人と接した時何かしらの
感情の変化が起こる。ありのままの
自分で接することが出来る人が
あなたの運命の人だ。

　運命の人と出会う適齢期というのは、人それぞれ違います。背伸びしたり、虚勢を張ったりして、すごく頑張っている時には、同じ頑張っている人に魅力を感じてしまいます。しかし、背伸びや虚勢はいつまでも続けることは出来ません。力を抜いて一息ついた時がありのままの自分だと思います。そういう時に、どんな人と人生を歩みたいのかがわかります。その人と一緒なら自分が磨かれて人生が開けます。すごい！

73 直接伝える

自分が伝えたいことがあれば、
良いことでも悪いことでも
直接本人に伝えないと、
人が間に入ることで、
間に入った人の感情が加わって
本当のことは伝わらない。

　特に悪いことを伝える時には、人が入るとややこしくなるよ！　絶対に自分で話す勇気が必要です。ただし、褒め言葉を伝える時には、間に人が入ったほうが、倍！ありがたさが伝わるのかもしれません。やはり最初は自分で伝えるべきですけどね。

74 "すみません"の罠

すみませんと悪くもないのに
謝ることが習慣になっている人は、
理由もなく人のストレスの
はけ口にされることが多いから
気を付けましょう。

　人間は弱くてずるいから、その人が本当の原因じゃなくても、ついでにストレスを発散してしまう場合があります。だから、悪くもないのに不必要に謝ってはダメです。でも、本当に自分が悪い時には、ちゃんと謝らないとダメですよ。

75 誰かと一緒に

一人で居る気楽さに満足してはいけない。
自分以外の人と接する時、
初めて人間となれる。

　漢字の通り「人の間」だから。一人だと周りに対しての気遣いが不必要になります。もともと、気遣いが苦手だから、一人で居るのが楽なのはわかります。しかし、自分の苦手な部分だからこそ、より一層磨いておかないと、全く人と関われなくなってしまいますよ。人と関わって、自分の良さとダメさを認識する必要があると思います。

76 行動の選択基準

自分がされて嫌な思いをしたことは、人にもしてはいけない。逆に自分なら絶対しないことを要求されたら、断る勇気が必要です。

　少し考え方に余裕を持てると、理解出来ると思います。やりたくないけれど恩があるから仕方ないとかの感情は、無駄なストレスになります。そして多分何度でも要求されることになり、そのうちに癒着関係が生まれ、いつしか自分も同じ穴のむじなになってしまいます。気を付けましょう。

77 長所を見つける

人の良いところを見つけることが
出来る人は、謙虚で素直だ。
この先いくらでも素晴らしい人になれる
可能性がある。

　まず、人の長所に目が向くということは、自分以外の人に興味があるということです。次に、自分が一番偉いというふうには思っていない。それから長所としてとらえることが出来るのだから、多分ひねくれて物事をとらえない。結論として、まだまだ人間としての伸びしろに余裕があります。これから先の人生、幸せしか待っていませんよ。

78 暴言で傷つくのは自分

隠れて暴言を吐く人に限って、人に暴言を吐かれたら気にして心を病むことがある。だったら自分も最初から暴言を吐かなければよい。

やはり自己中心的なのでしょうか、自分だけは何をしても許されるはずと思っているのでしょうか？　そんな不公平な話はありません。せめて隠れて暴言を吐くのをやめましょう。そして本人に向かって話す訓練から始めましょう。あなたの、打たれ弱い心の強化になりますよ。そうすると、みんながだんだんと、あなたにも建前でなく、本音で接してくれるようになります。

悪口は返ってくる

本人がその場に居なくなると、
すぐその人の悪口を言う人は、
自分が居ないところで、その数百倍の
悪口を言われているのだと
理解したほうがよい。自分がしたことは、
良くも悪くも必ず自分に返ってくる。

　その場に居なくなったとたんに、その人の悪口を言う時は、多分思っている以上に誇張して言っていると思います。言葉にはすべて言霊が宿っています。すべてあなたに返ってきます。そこで、提案です！　これからは、その場に居なくなった人を、めちゃくちゃ褒めることから始めるのはどうでしょうか？　考えるだけでワクワクしませんか？

優先順位

人にはそれぞれの優先順位がある。
それについては尊重しあう必要がある。
しかし、健康を損なうとか、
人に多大な迷惑をかけるようなら、
尊重してはダメだ！
注意して、直す必要がある。

　最近よく耳にするギャンブル依存！　これは多大に人に迷惑をかけていますよね。やめなければならない優先順位です。アルコールも、楽しく飲むのならよいと思いますが、中には暴れたりお金を踏み倒したり、病気にかかるなど、人に迷惑をかける人もいますね。これも尊重してはならない優先順位です。

81 人から学ぶ

人に興味を持つ必要がある。
人を観察すると勉強になる。

　まず人に興味を持ってください。ファンでも憧れでもいいです。例えば、憧れのなりたい人を見つけると、その人をよく観察するようになります。そして、それを真似したり、真似したことに自分のオリジナルの部分を加えて、自分の個性に出来ます。そういうことの積み重ねが、自分だけではなく、人も大切に出来るようになるきっかけだと思います。

　出会ったすべての人のおかげで今の自分が出来ています。ありがたいことです。

82 三方向から考える

物事を考える時、
最低三方向から考える。
自分サイド、相手サイド、第三者サイド。
誰も損をせず、すべてをクリアする
結論が必ず存在する。

　高齢のお母さんを送ってきた息子さんに、「この店は客を呼びつける！」と言われ、予約のことを呼びつけたと思われてまで、髪を切るのもよくないと思い、カットはやめることにしました。でも、お母さんが、「私は髪を切る！」と言われたので、また迎えに来てもらう時呼びつけますが、それでもいいのか息子さんに聞くと、「母が切ると言うなら切ってほしい」と言われ、カットすることにしました。無理強いをせず、お客さんに寄り添って話すと、怒ることもなく納得してくださいました。

ストレスの扱い方

安易に弱い立場の人に
ストレスをぶつけてはいけない。
かっこ悪いし
それでは、何も解決しない。

とても幼稚なことだが、実際にストレスがたまると、人間ですものありますよ。常習化すると間違いがわからなくなりますよ。気付いて反省して、次にしなければいいんです。まず気付いて！

84 聞き上手

人の頭の中は、知識、知恵の宝庫!
自分自身では思い浮かばないことを
たくさん持っている。
聞き上手になって学びましょう。

　私は、昔から想像することが好きでいろんな想像をしていました。でも、口に出す時は、想像したことの30％も話しません。こんなおしゃべりな私が、30％ぐらいだと、無口な人は多分、数％しか話さないのではないか？　だからこそ、無口な人の頭の中の考えを、私が聞き上手になって聞きたいと思いました。思っていた通り、たくさん勉強になりましたよ。

85

 受けた恩、与えた恩

人から受けた恩は、
どんなに些細な恩でも忘れてはいけない。
逆に与える時は、どんなに大きくても
恩を着せてはいけない。

　よく逆になっている人っていますよね。「誰のおかげで今があると思っているんだ！」とか言う、ちっさい人間。幼稚です。そういう人に限って結構稼いでいたりするので、言われた側は何も言えなくなります。そういう時は、「自分自身の努力と私を取り巻くすべての人のおかげです！」と答えましょう。お金は必要ですが、それが一番になると、人間関係がねじれる気がしますね。稼ぎは程々でいいんです。そして、たかが稼ぎが多いことぐらいのことでいちいち恩に着せない！　そういう人はお金以外のことでは、随分人の世話になっていると思いますよ。

86 弱点を攻撃しない

人は、自分自身の弱点を隠すために、
相手の弱点を攻撃する。
これでは何も解決しないし、
人間として成長もしない無駄なことだ!

　よく喧嘩になった時にありますよね、「あんたの＊＊が悪いからこんなことになった」「それなら言わせてもらうけど、あんただって＊＊でしょ！」。こういった感じで、くだらないののしり合いが延々と続きます。全くの無駄です！　このように、自分は弱点を隠しているつもりかもしれませんが、全部ばれています。反省して少しずつ直したほうが良いと思います。

87 素直に褒める

その人が素晴らしいと思ったら、素直に本人に伝えよう。伝えないと変に妬みやすい人間になります。

　褒めると負けた気持ちになるんですかね？　勝ち負けではないですよ。素晴らしい人を見るとやはり妬ましいのでしょうか？　相手を褒めると、周りの雰囲気が和やかになりますよ。人の素晴らしさを本人に向かって言える人は、その人も素晴らしい人です。ただし皮肉っぽく褒めるのは最悪ですので注意してください。

人は嘘をつく

人は自分の弱みを隠すために
いろんな嘘をつく。場合によっては、
その嘘が命取りになることもあると
認識する必要がある。

　今週支払いがあるから、1週間だけお金を貸してほしい、来週まとまったお金が入るからと言われ、結果的に貸しませんでした。私なら、支払い先に何日にお金が入るからその後ならいつでも支払えますと言うし、人に安易にお金を貸してほしいなどと言わない！　怪しすぎる！　その後、その人は詐欺で捕まりました。やっぱりな！

89 人は怖くない

恐れの感情からは、
何もプラスの思考は生まれない、
まず人は怖くないものである
から始めよう！

　怖がっていると、恐れの感情は人に伝わります。あなたは、逆に相手を恐れさせているのですよ。お互いに怖がっている者同士で何か出来ますか？　関わりたくない！　一刻も早く帰りたい！　考えることはマイナスのことばかりです。大きく息を吸って、リラックスしてください。人は面白いですよ。みんな同じ人間です。噛みついたりせんから！

攻撃的な人

自分に都合が悪いことが
ばれそうになると、
人は必要以上に攻撃的になる。

　子育ては手探りなので、どれが正しくて、どれが間違っているということはない。子供がたくさんの人を見て、良いところを見習い、悪いところは誰にでも指摘出来る状況で、親子ともに直していけばいいだけのことです。親が自分の悪いところを指摘されると攻撃的になり、指摘した人を追い払ったりしないで、子供と同じように素直に受け入れる柔軟さを持てるといいね。

91 コミュニケーションスキル

自分では伝えたつもりでも、
相手に伝わっていなければ、
何も言っていないのと同じだ。

　自分の価値観だけ押しつけても、理解してはもらえないでしょう。相手をよく観察して伝わるまで話しましょう。絶対怒ってはダメです！　それが、あなたのコミュニケーション能力を磨きます。苦心惨憺(くしんさんたん)して伝わった時は本当にうれしいですよ。出来ないのなら関わらない選択肢もあります。関わるかどうかは自分で決めましょう。

92 怒りはチャンス

自分に怒りの感情が表れた時こそ
一息ついて考える。
大抵の場合自分にも非がある。

　怒りの感情に任せて、怒っていたら、自分の悪いところが見えなくなります。自分の非の部分を、修正する習慣をつけると、あまり怒ることがなくなってきます。そして、何も悪くないのに失礼な扱いを受けることがあれば、それを見つけることが出来ます。何も非がない時には、しっかり怒らないとダメです。そうすることで、人間関係は改善します。

人間関係の築き方

素直な自分になった時から、真の人間関係が作れる。

　考えてみてください。自分が嫌なことを嫌とも言わず、好きなことを好きとも言わず。ただ周りに合わせているとしたら、それって辛くないですか？　逆に嫌なことを、それって苦手なのよとか、好きなことは、めっちゃ好きなのよとか言えば、感情がちゃんと伝わります。人に直接話す時には、考えて話すから、多分きつい言葉はあまり話さなくなるし。すると、良い人間関係が出来ると思いませんか？

94 待ちの姿勢

何事もすぐに怒らず、
少し待って観察することで、
相手を追い詰めることなく、
要点だけ伝えることが出来る。

　やはり追い詰めてしまうと、黙り込んでしまうとか、捨てぜりふだけ吐き捨てて、逃げてしまうとか。無理やり謝らせるのも違うと思うし、何の解決にもならない気がします。ちょっと待ってから、どうして？と相手の言い分を遮らずに聞きましょう。相手に余裕を持たせることが出来ることも、大人の対応で必要だと思います。

95　2種類の依存症

依存症の人には2種類ある。
自分が依存症だとわかっている人と、
気付いていない人。
この差はものすごく大きい。

　自分が依存症だと気付いている人は、自分が人に頼んだことが出来ていなくても、怒らず自分です。気付いていない依存症の人は、いつまでも、してくれなかったことをねちねち言う。そして、いつでも付きまとう。それは、いつもそばに居ないと誰かに取られるかもしれないと恐れているのかもしれない？　しかし、そんな身勝手なことで人を縛らないであげてください。気付いていない人には気付かせることから始めてください。
　人に依存すると特に厄介です。その人がもし居なくなったら生きていけないと考えるようになります。そうならないために気付かせて、自立するように導いてあげましょう。

96 無償の愛

人間にとって一番必要なものは、
見返りを求めない無償の愛だ！
見返りを求めるから、依存したり、
恩着せがましくなったりする。
気を付けよう！

　無償の愛は、相手をよく観察して、その人ならどうしてほしいのか考えて動く。ただし、そこで絶対に自己犠牲までしてはダメです。そのブレーキがないと、ただの便利屋になって依存状態になってしまうので注意が必要です。

97 同情の弊害

同情心で人に接するのは悪いと思う。
相手を対等な立場と見ておらず、
お互い依存する関係に陥りやすい。

　同情はされる側も悲劇のヒロインである自分をアピールして、自ら依存状態に逃げ込もうとしているように思える。そして寄生虫のごとく居座る。このような状態では、人間として成長をしようともしないし、出来もしない。同情した結果の依存状態は、抜けるのが難しそうだ。そこで提案です！　同情ではなく、共感して接しましょう。必要以上に相手に踏み込まず、自己犠牲にならないように接するのです。このラインは重要です。

98 人は財産

人が近寄ってきてくれることは、
それだけでその人の財産になる。
だが、近寄る人に違和感を覚えれば
必ずそれは本人に伝えること。

　まず自分自身に置き換えて考えてください。自分が嫌だ！めんどくさい！と思っている人に自ら近づきますか？　目的はどうであれ、人が近寄ってきてくれることは、良いことです。近寄る人の違和感とは、詐欺であったり、お金を貸してほしいであったりetc、いろいろありますが、本人に会う目的ではありません。本人の持っている物に目的があります。そこは注意が必要です！

99 "あなたのため"は押しつけ

あなたのためよと言う人は、
大抵自分のために言っていることが多い。
本当にその人のためなら
黙って行動するだけでよい。
真実の思いなら伝わります。

　高学歴をつけて、いい会社に就職して、幸せになるためよ、とか言うが、親元を離れると、それが愛情だったのか、押しつけだったのかわかります。何が幸せなのかは、自分で決めることです。ただ、親に対する反発心ばかり強調されると、それも自分の立ち位置を見失います。多少横道に行ってみるのも勉強になると思うが、自分がひねくれてしまったら損なので気を付けましょう。

共通の敵作りは無駄　お金は歪む

身近なところで共通の敵を作って、
その人を攻撃することで
結束が強まったような気がするが、
全く無駄なことである。
何の解決にもなっていない。

　そのような小手先だけの小さな執着をしないで、周りのすべてを巻き込んで、楽しめる仲間を作ったほうが、考え方に余裕が出来ると思いますよ！　ただし、お金に頼らないこと！　お金が絡むと、人間が少し歪む気がします。モラルも何もなくなり、ただ払う人の意志だけが優先されます。お金は恐ろしい！

101 その否定が関係を壊す

人は、心の声で話したことを否定されると、
その人の前では、その話題について
話さなくなる。そして、会話の幅が減って、
苦痛な時間を過ごすようになる。
結果、一緒に居ることが出来なくなる。

　昔の夫婦が、妻は夫に仕えるものだからと、妻の話を聞こうともせず、定年後離婚する。よくある話です。しかし、お前を養ってやっているんだという自分本位の夫の意見を野放しにしてきた妻にも責任はあるとは思います。どうせ通じないからというあきらめは、妻のほうも夫を下に見ていると思います。やはりお互い様ですね。あと、怖くて言えない場合もあるのかもしれませんね。しかし次からは、お互いに本音で話し合える人を選びましょう。

102 対話の役割

本当のところ人は対話をしたいが、
失敗を恐れているか、
長い間しゃべらないでいると、
だんだん話せなくなくなってしまう人が
多いのではないでしょうか？

　考えて話をする⇨人の反応を見る⇨相手が話す⇨相手の話を聞く⇨理解して返答する。このようなことが脳内で連鎖して対話が成立します。しかし、あまり話をすることがなくなると、苦手な部分が退化します。そうなると、一方通行の話になります。すると、面白くなくなってしまいます。その結果、話したくもないし、聞きたくもなくなります。勿体ないことです。

NOと言う勇気

人は自分の合わせ鏡です

　この人何か苦手だな！と思っている人は、多分相手もそう思っているか、あなたが一方的に我慢して合わせて接しています。しんどいことないですか？　そんな関係はやめましょう！　時間の無駄です！　あなたに合う人はいくらでもいます。NOと言える勇気を出して！

104 無理は禁物

人前で良い人を演じるのを
やめませんか？

　演技して、かっこいいところを見せたいのは理解出来ますが、私にはとても苦しそうに見えます。だから隠れたところでストレスを発散したくなるんじゃないですか？　あなたの心が悲鳴を上げていますよ。あんないい人が、こんなことをするなんて考えられません！という話はよくありますよね。人間壊れるのもあっという間ですよ！　もっと気楽に生きていいんじゃないですか！

105 ベストカップル

ともに人生を歩むと決めたら、
自分の頭の片隅に、少しだけ
人生の相棒を意識して歩んでください。
どっぷりだと依存状態になります。

　我々は皆違う人間です。家族が居ようが、誰が居ようが、最終的には一人です。だから自分という豊かな個性をしっかり磨いて生きてほしい。ただ自分のことだけでまっしぐらに進むと、お互いに全く違うところに到達してしまいます。だから、お互い頭の片隅に少しだけ相棒を意識して生きることで、自分の走り過ぎや、相棒の走り過ぎを話し合って歩んでほしいです。そして、たまには別行動をしてください。その時の感情で良い距離で歩めているのか、無理やり合わせているのかがわかります。

106 怒りよりアドバイス

頭ごなしに怒ってはダメです。

　悪いことをした時、まずどうしてそうなったのか、優しく理由を聞きましょう。その人なりの理由があります。その理由を聞きながら、あくまでも優しく、理由の一つ一つにアドバイスしましょう。もつれた心の糸をほぐしてあげないと、根本的な解決にはなりません。そもそもそんなに心の糸がもつれるほど、自分を追い詰めてはいけないこと、そしてもっと自分自身を大切にするべきだということを教えてあげてください。

107 何も言わない時は多分反対！

自分が話している時に、
相手が何も言わなければ
賛成してくれたと思うのは間違いだ。
賛成か、絶対反対でない限り
人は何も言わない場合が多い。

　平和主義者の日本人らしいですね。何か自分とは違うな？と思っていても黙っていることが多くないですか？しかし、逆に自分が何か言った時人が何も言わないと、勝手に賛成してくれていると勘違いしませんか？　本当にその人が思っていることを知りたいのなら、はっきり「どう思う？」と聞いて意見を求めましょう。相手の反対した意見に、なるほどと思える理由があるかもしれませんよ。多分そこからが進化出来る自分だと思います。

108 価値ある時間

約束をするということは、
空間と時間の共有です。

　人の時間を自分の時間に合わせてあけておいてもらうということです。だから、一緒に過ごす価値のある人と、価値のある楽しい時間を過ごしましょう。ストレスを抱えながら過ごす時間は無駄です。あなたが選べばいいんです。

109 要注意人物の見分け方

必要以上に丁寧な言葉を使う人には、
隠し事があるかもしれないので
注意が必要だ。

　話をしていると、言葉は丁寧だけどとても不自然なところが出てくる。私が言いたいことの大まかな趣旨を理解せず、その人目線で自分の都合のいいところだけをつなげて違ったふうに聞き取る。これでは、話すだけでストレスになる。付き合い方を考えることをお勧めします。

110 本当の姿が見える時

自分が病気や怪我をして弱った時に、相手の本当の姿が見える。そういう時、案外優しいのか、便利屋としか思っていないのかがわかります。

　ある朝目を覚ますと、めまいがし、トイレで嘔吐しました。その後しばらく目を閉じて寝転んでいました。その時旦那は、自分の会社に有休を出して、私には一所懸命めまいに効く漢方薬の話をしてくれ、5センチの厚みの漢方薬の本のめまいの欄に付箋を貼り、「ここを読んでみねぇ！」と親切に渡してくれたが、「今の私には、読めん！」と言うと、「そうか！」と。めまいは大変でしたが、とてもおかしくて笑ってしまった。その後、バケツを抱えて耳鼻科に連れていってもらい、点滴や飲み薬で、一日休んだだけで仕事に戻れました。うちの旦那には感謝です。

111 言霊は重要

その場限りの適当な言葉を吐かない!

　言葉には、言霊が宿ります。適当に無難な言葉を話す習慣がつくと、自分が本当に思っている真実がわからなくなってきます。大げさでもなく、言葉足らずでもないあなたが心に本当に思っている言葉しか話さない訓練をしましょう。すると、虚勢を張った強さではなく、地に足がついた強さが身に付きます。是非やってみてください。お勧めします。

112 無防備な時こそ真実の姿

人の本質は、
その人が本当にリラックスした時や、
無防備な時にこそ見える。

　緊張している時は良くも悪くも、本当の姿から誇張されている場合が多い気がします。リラックスしている時に急に頼みごとをすると、すぐOKと動いてくれる人。あーだこーだと言って動かない人。ちぇっ！と舌打ちして迷惑そうにする人。いろんな人が居ます。自分に用事があるのなら無理ですと断ればいいと思うが、頼まれたのなら、喜んで！くらいのほうが、愛されますよ。

113 見えない敵はあなたの中に

強がってはダメです。そして、
人の言葉に振り回されても、
心のバランスを崩します。

　怪我をすると、見ただけで痛そうとか、辛そうとかわかります。しかし、心が壊れた場合には、見た目には、何もわかりません。それどころか、人間は最初壊れ始めた心のことを、人に知られまいと虚勢を張り、隠そうとさえします。そうすると、深みにはまり、心の修復が難しくなります。それがあなたの中に宿る見えない敵です！　あなたの心と行動が真逆です！　これでは、まず自分の足で立ってすらいません。言葉一つですぐにバランスが崩れますよ！　絶対自分の弱みを隠してはダメです！

おわりに

　まず、本を書くことを提案してくださった、中学校の恩師T先生にお礼を申し上げます。113個のことばにお付き合いいただきありがとうございました。共感していただければ幸いです。最初は、煩悩の数108を目指し書いていましたが、いつの間にか増えてしまいました。どのエピソードも私の実体験や、お客さんやいろんな人と話した時に感じた私の気持ちを、まとめたものです。基本的にとてもおせっかいな私は、親切とおせっかいのぎりぎりのところの、究極の親切が大好きです。よくやり過ぎて、おせっかいの域に突入することもあります。それも学習です。

　恩師の言葉をきっかけに、自分がペラペラ話していた言葉が文字になり、改めて読み返すと、なるほどと、心に残っていく。心に残るから、過剰なことは言わなくなり、どんどん自分自身に嘘がつけなくなってきます。自分に嘘がつけなくなるから、人の嘘を虚勢、違和感という形で、うん？　と、疑問に思うようになる。そうすると、NO！　という言葉をあっさりと、いともたやすく答えることが出来るようになります。

　私は、人がとても好きだ！　人にめちゃくちゃ興味があ

ります。好きだからこそ、あなたのこの部分を少しこうすれば、楽になるんじゃないんですか？とか、無駄に力まなくていいんじゃないんですか？と、少しのおせっかいが私の原点だと思います。ただそれだけを追求して今まで人に話してきた気がします。背伸びせず、自分の心に従っているだけで、とても人間らしい生活を送ることが出来ていると思います。人生はあっという間です、嘘の自分を演じて苦しい思いをするには短すぎると思います。人に依存せず（もちろん、助けが必要な時は助けてもらえばいいと思います）自分の個性を見つけ、他に代えがきかないあなた自身をつくっていってほしいです。すべての答えはあなた自身の中に眠っています。ちなみに、本を読むのが苦手なこの私が、今本を書いています。今までの私の人生から想像すると、あり得ないほど遠い仕事を今私はしています。人生何が起こるかわかりませんよ。皆さんも、この楽天家な、人間大好きの私が思ったこと、感じたことを真似していただくと、とても楽しい人生になると思いますよ！　是非とも出来ることから、行動してみてください。皆さん一人ひとりがこの社会の大切な一員だという事を忘れないで下さい。あなたにふさわしい生き方は必ず有ります。しっかりあなたに与えられた人生を生きて行きましょう。ありがとうございました。

　If you follow your true heart, the results will follow.

2024年9月佳き日

謝　辞

　私のような素人の文章に、適切な編集の提案をいただき、どうにか書籍という形に出来て、本当にありがとうございました。とにかく初めてのことで、何もわからない状態からのスタートで、ただ、面白そう！ということで、提案されたことをやっとの思いで改稿しました。やはり、未経験のことは、時間も読めず、仕事以外の時間は、改稿に費やしましたが、思うようには進まなかったです。でも、最初に思った、面白そう！という思いは、最後までなくなることもなくとても楽しい時間を過ごすことが出来ました。私に関わってくださった幻冬舎ルネッサンス編集チームの方々並びに、急なお願いにもかかわらず、装画をご担当いただいた真夜中のキャットボーイズさんに心からお礼を申し上げます。本当にありがとうございました。

中野昌子

〈著者紹介〉
中野昌子（なかの まさこ）
旧姓、遠藤。理容業に40年以上携わり、多趣味で何にでも興味を持ちすぐに手を出してしまいます。年間読む本の数2〜3冊、読まない年もあります。読書が苦手な、人間大好きでちょっとおせっかいでおしゃべりなおばちゃん。

元気が出る！
昌子のビタミンことば

2024年11月14日　第1刷発行

著　者　　　中野昌子
発行人　　　久保田貴幸

発行元　　　株式会社 幻冬舎メディアコンサルティング
　　　　　　〒151-0051　東京都渋谷区千駄ヶ谷4-9-7
　　　　　　電話　03-5411-6440（編集）

発売元　　　株式会社 幻冬舎
　　　　　　〒151-0051　東京都渋谷区千駄ヶ谷4-9-7
　　　　　　電話　03-5411-6222（営業）

印刷・製本　中央精版印刷株式会社
装　丁　　　野口萌

検印廃止
©MASAKO NAKANO, GENTOSHA MEDIA CONSULTING 2024
Printed in Japan
ISBN 978-4-344-94946-1 C0095
幻冬舎メディアコンサルティングＨＰ
https://www.gentosha-mc.com/

※落丁本、乱丁本は購入書店を明記のうえ、小社宛にお送りください。
送料小社負担にてお取替えいたします。
※本書の一部あるいは全部を、著作者の承諾を得ずに無断で複写・複製することは禁じられています。
定価はカバーに表示してあります。